Bia Novaes
O MARAVILHOSO MUNDO das FAMÍLIAS

Ilustrações:
LEONARDO MALAVAZZI

1ª edição – Campinas, 2023

NO MARAVILHOSO MUNDO DAS FAMÍLIAS, CADA UMA DELAS TEM SEU JEITINHO DE SER.

EXISTEM FAMÍLIAS COM APENAS UMA PESSOA.

LUCAS VIVE EM UM IGLU E AMA TOMAR SORVETE ENQUANTO LÊ SEU LIVRO FAVORITO.

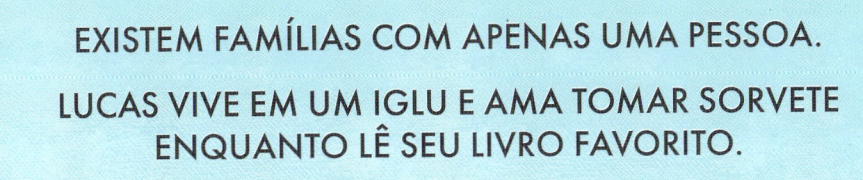

CERTAS FAMÍLIAS TÊM BICHINHOS QUE SÃO PRA LÁ DE ESPECIAIS.

NINA VIVE COM SEU PAPAGAIO EM UMA OCA. ELES ADORAM AS NOITES DE CANTORIA ENQUANTO BEBEM CHÁ.

FAMÍLIAS PODEM VIVER DAS MAIS DIVERSAS FORMAS.

PEDRO MORA COM SEU PAI E SEU PEIXINHO DOURADO EM UMA PALAFITA. DEPOIS DE UM DIA TODO NADANDO, ELES AMAM COMER UM GRANDE PRATO DE MACARRÃO.

EM UMA FAMÍLIA TODOS ACOLHEM UNS AOS OUTROS.

ANA VIVE COM A MÃE E SUAS DUAS PRIMAS NUM CORTIÇO COLORIDO.

NOS FINAIS DE SEMANA, ELAS ADOÇAM A VIDA COM UMA DELICIOSA SALADA DE FRUTAS E SE DIVERTEM JOGANDO *VIDEOGAME* A TARDE TODA.

ALGUMAS FAMÍLIAS TÊM DUAS MAMÃES OU DOIS PAPAIS.

AS MAMÃES ISADORA E JÚLIA VIVEM NUM *TRAILER* COM A BEBÊ MANU E OS COELHOS FOFINHO E FOFUCHO.

ELAS AMAM ESTAR JUNTAS NO SÁBADO DE MANHÃ VENDO FILMES E COMENDO PANQUECAS QUENTINHAS.

HÁ PAPAIS E MAMÃES QUE TAMBÉM SÃO VOVÔS E VOVÓS.

NA CASA DE MADEIRA DO VOVÔ MÁRIO, VIVEM NUNO E NINO, SEUS FILHOS, E OTÁVIO, OLGA E OLÍVIA, SEUS NETOS.

O BOLO DE MARACUJÁ DO VOVÔ FICA AINDA MAIS GOSTOSO QUANDO ELES FAZEM UM GRANDE PIQUENIQUE NO QUINTAL.

FAMÍLIAS AVENTUREIRAS NÃO PARAM EM TERRA FIRME.
RAUL E RENAN MORAM COM RAQUEL, RODRIGO, RICARDO, RAISSA E UM *HAMSTER* BEM FOFO, A ROSINHA.

ELES VIVEM NUM BARCO VIAJANDO POR TODO O LITORAL. DE TARDE BRINCAM NA PRAIA E TERMINAM O DIA COM O LANCHINHO FAVORITO DE TODOS: MILHO ASSADO!

EXISTEM TAMBÉM AS FAMÍLIAS DO CORAÇÃO.

SÍLVIA, SOFIA, SABRINA E SARAH MORAM NUM APARTAMENTO COM SÉRGIO, SAULO, SAMUEL E SÍLVIO, SEUS AMIGOS.

TODA TERÇA-FEIRA ELES FAZEM UMA DELICIOSA TORTA DE MAÇÃ E, AOS DOMINGOS, SE DIVERTEM COM JOGOS DE TABULEIRO.

FAMÍLIAS GRANDES PODEM VIVER EM LUGARES BEM PEQUENOS.

NUMA LINDA IURTA, THAÍS, TALITA, THEO E TIAGO VIVEM COM A MAMÃE ÚRSULA E O PAPAI ULISSES E CUIDAM DO VOVÔ UMBERTO, SEM ESQUECER O CÃO UVA E A GATINHA VIOLETA.

TODOS AMAM OS MOMENTOS QUE ESTÃO JUNTOS E PODEM COZINHAR E COMER O QUE MAIS AMAM: OS BOLINHOS DE CARNE QUENTINHOS QUE O PAPAI FAZ!

E FAMÍLIAS GRANDES PODEM VIVER EM LUGARES GIGANTES.

A RAINHA ZURI POSSUI TRÊS FILHOS, CINCO NETOS E UMA TARTARUGA MUITO RÁPIDA! TODOS VIVEM NUM GRANDE CASTELO.

NÃO FALTA AMOR E SOBRAM RISADAS QUANDO ELES SE JUNTAM PARA SE DIVERTIR COMENDO PIPOCA OU ANDANDO DE BICICLETA.

MESMO SENDO DIFERENTES, TODAS AS FAMÍLIAS SÃO ESPECIAIS E ÚNICAS.

Bia Novaes

Nasci em São Paulo e foi com a minha família que aprendi sobre amor e respeito. Adorava as férias no interior da Bahia, correr pelo chão de terra e comer as frutas docinhas colhidas pela minha mãe. Desde criança, sonhava que poderia transformar o mundo. Entrei na faculdade de Letras e me encontrei como autora na literatura infantil. Hoje, acredito que mudanças podem ocorrer por meio de palavras. Meu primeiro livro, *O maravilhoso mundo das famílias*, surgiu como um abraço às diferenças e às diversas formas de amar.

Leonardo Malavazzi

Nasci em São Paulo, sou formado em Marketing e trabalho como ilustrador de livros infantis e juvenis. Meu amor pela arte surgiu na infância. Adorava criar personagens e admirar minha mãe enquanto ela pintava quadros. Hoje, seja com aquarela ou arte digital, busco levar a cada desenho algo único que faça o leitor entrar em um mundo mágico. Para este livro me inspirei nos meus momentos favoritos com a minha família, todos juntinhos no sofá curtindo filmes.

EDITORA MOSTARDA
www.editoramostarda.com.br
Instagram: @editoramostarda

© Bia Novaes, 2023

Direção:	Pedro Mezette
Edição:	Andressa Maltese
Produção:	A&A Studio de Criação
Ilustração:	Leonardo Malavazzi
Editoração:	Anderson Santana
	Bárbara Ziviani
	Felipe Bueno
	Henrique Pereira
Revisão:	Marcelo Montoza
	Mateus Bertole
	Nilce Bechara
Diagramação:	Ione Santana

Dados Internacionais de Catalogação na Publicação (CIP)
(Câmara Brasileira do Livro, SP, Brasil)

```
Novaes, Bia
   O maravilhoso mundo das famílias / Bia Novaes ;
ilustrações Leonardo Malavazzi. -- 1. ed. -- Campinas,
SP : Editora Mostarda, 2023.

   ISBN 978-65-80942-38-1

   1. Família - Literatura infantojuvenil
I. Malavazzi, Leonardo. II. Título.

23-161265                                    CDD-028.5
```

Índices para catálogo sistemático:

1. Família : Literatura infantil   028.5
2. Família : Literatura infantojuvenil   028.5

Cibele Maria Dias - Bibliotecária - CRB-8/9427

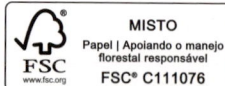